TRIBUNAL
E SAINT-OMER.
—
APPELS
DE
LICE CORRECTIONNELLE.
AUDIENCE
du 17 février 1841.

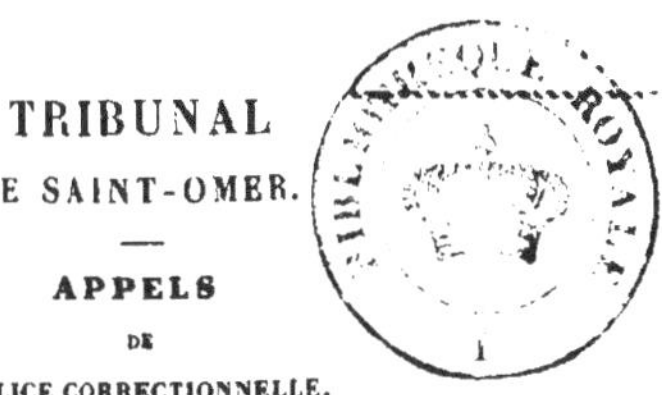

PRÉCIS

Pour M. Charles Garbé, avocat à la Cour royale de Paris;

Contre M. Desclaibes, avocat à la Cour royale de Douai,

Et M. Céret-Carpentier, imprimeur à Douai.

Les procès de la nature de celui que le tribunal est appelé à juger ont le privilége d'exciter au plus haut degré la sollicitude de la justice. Les magistrats savent que, de tous les délits qui peuvent jeter le trouble dans la société, il en est peu de plus graves et de plus odieux que la diffamation. Ils nous pardonneront de retracer en peu de mots les faits que la plainte de M. Garbé lui a déférés et les questions de droit que cette plainte soulève.

Dans la nuit du 6 au 7 septembre dernier, un pamphlet, ayant pour titre *Complainte lamentable*, fut jeté à profusion sous toutes les portes de la ville d'Hesdin ; c'était l'époque de la fête communale, et l'on avait choisi le moment où de nombreux habitants de l'arrondissement se trouvaient réunis, pour donner à cette distribution la plus grande publicité possible. Le but des auteurs de cette coupable manœuvre était d'attirer le déshonneur sur un des hommes

1

les plus recommandables du pays, et pour l'atteindre ils n'avaient rien épargné.

En France, par bonheur, où l'on pardonne beaucoup trop à l'esprit, les méchancetés qui manquent de cette excuse ont ordinairement peu de succès. La voix publique reconnut sans hésiter M. Charles Garbé dans le héros de la complainte ; mais si quelques esprits haineux y applaudirent en secret, personne n'osa manifester hautement son approbation ; des témoignages d'estime et d'affection presque unanimes vengèrent énergiquement celui dont on avait cherché à faire un objet de risée et d'opprobre pour ses concitoyens. Aussi, malgré l'insistance d'amis à qui il était permis d'être moins généreux que lui, M. Garbé prit-il la résolution de n'opposer que le mépris à des détracteurs impuissants. Mais ceux-ci n'eurent pas la sagesse de se tenir pour vaincus ; dans l'espoir de ramener à eux l'opinion, ils répandirent le bruit que le coupable n'était autre que la victime apparente de la diffamation, alléguant à l'appui d'une aussi singulière idée, que, pour certains caractères, la renommée au prix de la honte était encore préférable à la plus honorable obscurité. *Le Courrier du Pas-de-Calais*, peut-être complice sans le savoir, donna place dans ses colonnes au petit article suivant :

— On nous mande d'Hesdin :

« Un pamphlet, intitulé *Complainte*, a été jeté avec profusion sous toutes les « portes, dans la nuit du dimanche au lundi 7 septembre, à la sortie du bal « donné à l'occasion de la fête communale. On nous assure que l'auteur de cette « *gentillesse*, RAPPORTÉE FRAICHEMENT DE PARIS, *a complétement manqué le* « *but qu'il se propose d'atteindre.*

« LE BOUT DE L'OREILLE A ÉTÉ MALHEUREUSEMENT RECONNU, et chacun « s'est écrié : « *Tirez le rideau*, la farce est jouée. »

M. Garbé était arrivé la veille même de Paris ; il n'y avait pas moyen de se méprendre sur la pensée du correspondant du *Courrier*. L'insinuation était transparente.

A la lecture de cet article, la modération dédaigneuse de M. Garbé fut interprétée par plusieurs personnes d'une manière défavorable. Il n'est pas donné à tout le monde d'expliquer, par des motifs de dignité, l'attitude d'un homme outragé qui garde le silence. On dit qu'il se taisait par peur de révélations nouvelles. Alors ses amis le pressèrent de sortir de ce qu'ils appelaient son apathie ; l'inaction ne pouvait, suivant eux, que lui être funeste. Son père lui-même, officier supérieur de l'Empire, jaloux de l'honneur de sa famille, l'engagea vivement à rechercher l'auteur de la complainte et à demander justice aux tribunaux.

D'autres instances se joignirent à celle-ci. M. Charles Garbé avait été porté comme candidat aux élections départementales du canton d'Hesdin, et les termes de la complainte purent faire croire que ce n'était pas à lui seul que l'injure s'adressait, mais à la fraction d'électeurs dont il avait été le représentant.

Ceux qui l'avaient honoré de leurs suffrages, faisant cause commune avec lui, l'engagèrent à ne pas tolérer plus longtemps une injure dont ils prenaient leur part, à tort ou à raison.

D'un autre côté, M. Charles Garbé avait rencontré pour concurrents et pour adversaires dans cette élection des hommes auxquels le rattachent des sentiments réciproques d'estime et d'amitié. Ni eux ni lui n'avaient cru devoir sacrifier, soit leurs relations privées à des dissentiments temporaires, soit la libre expression de leur vote à leurs affections. Ils se hâtèrent de repousser énergiquement toute solidarité dans une publication qui ne pouvait être que l'œuvre de basses jalousies personnelles, et servir qu'à envenimer les souvenirs d'une lutte loyale.

Il n'était plus permis d'hésiter ; il fallait se mettre en mesure de découvrir l'auteur de la complainte ; dans ce but il importait avant tout de savoir le nom de l'imprimeur ; ce dernier, s'il était de bonne foi, s'empresserait de désigner la personne dont il tenait la copie ; dans le cas où il se refuserait à faire cette déclaration, sa mauvaise foi le rendrait responsable ; une condamnation obtenue contre lui dans des termes honorables réparerait, du moins en partie et faute de mieux, le mal causé par le délit ; il n'était pas douteux d'ailleurs que le vrai coupable se tiendrait derrière l'éditeur pour l'indemniser.

Le nom de l'imprimeur avait été gratté sur tous les exemplaires distribués, mais d'une façon incomplète ; en les rapprochant les uns des autres, on parvint à reconnaître qu'ils étaient sortis des presses de M. Céret-Carpentier. M. Céret-Carpentier fut sommé d'avoir à déclarer de qui il tenait le manuscrit ; puis, sur son refus de répondre, il fut assigné devant le tribunal de Montreuil-sur-Mer.

Dès lors, M. Garbé avait entendu dire que la chanson avait été portée à l'imprimerie par M. Desclaibes, avocat à Douai ; mais aucune preuve de ce fait n'était entre ses mains ; il lui répugnait d'ailleurs de penser qu'un homme qu'il ne connaissait pas eût pu se rendre contre lui l'instrument d'une aussi coupable action ; et cette opinion sera comprise de tous ceux qui par état ont été à même d'apprécier avec quel scrupule les membres du barreau observent ordinairement entre eux les lois bienveillantes de la confraternité. M. Desclaibes fut simplement assigné comme témoin dans l'instance dirigée contre M. Céret-Carpentier. On crut que ce témoin s'empresserait de se présenter pour déclarer le nom du véritable auteur, dans le cas où la chanson n'aurait pas été de lui ; on croyait d'un autre côté que, si par une légèreté bien blâmable, il s'était prêté à la composer sur des données inexactes, il serait le premier à s'accuser lui-même d'avoir ainsi prostitué sa *poésie*, et à offrir à l'offensé les excuses et les rétractations d'usage. Ni l'une ni l'autre de ces deux suppositions ne fut justifiée par l'événement.

Le prévenu, M. Céret-Carpentier, fit défaut ; le témoin, M. Desclaibes, n'obtempéra point à la citation qui lui avait été adressée.

M⁰ Laloux se présenta au nom de M. Céret. Des exceptions furent soulevées, plaidées et vidées ; mais, comme il arrive toujours en pareil cas, la discussion de la forme effleura singulièrement le fond, et le défenseur de M. Céret montra pour M. Desclaibes dont nous avions

fait remarquer l'absence un zèle et une chaleur qui semblaient in-
diquer que le nom de ce jeune avocat n'était peut-être point par-
venu sans motifs aux oreilles du plaignant.

Le tribunal de Montreuil a statué en ces termes, par jugement en
date du 2 octobre 1840 :

« Attendu qu'il est constant, quoique le nom de l'imprimeur ait été gratté sur
« un grand nombre d'exemplaires, et que l'écrit intitulé *Complainte lamentable*,
« *sur l'air de Fualdès*, en trente et un couplets, commençant par ces mots : Pre-
« mier couplet : « Écoutez, femmes sensibles, écoutez, petits et grands, » et finissant
« par ceux-ci : « Va le forcer à finir son long et touchant martyr, » a été imprimé
« par le sieur Céret-Carpentier, prévenu ;

« Attendu qu'il est aussi établi par les dépositions de tous les témoins entendus
« que cet écrit a été distribué en profusion dans la ville d'Hesdin, dans la nuit du
« 6 au 7 septembre dernier, puisqu'on en trouvait à toutes les portes, et qu'un
« des témoins en a ramassé environ vingt-huit dans une seule rue de la ville
« d'Hesdin ;

« Attendu que le sieur Céret-Carpentier n'a pas indiqué l'auteur de cet écrit,
« et que, par ce défaut de déclaration de l'auteur, il en a assumé sur lui la res-
« ponsabilité ;

« Attendu qu'aujourd'hui même encore il fait défaut, ce qui fait présumer qu'il
« n'est pas disposé à faire connaître l'auteur dudit écrit à la justice ;

« Attendu que ce pamphlet, écrit en style grotesque, a eu évidemment pour
« but de dénigrer le sieur Garbé qui s'est porté partie civile pour en poursuivre
« l'imprimeur ;

« Attendu qu'on cherche à y présenter le sieur Garbé sous un aspect ridicule
« dans les trois circonstances où il a été porté candidat au conseil général du
« Pas-de-Calais, au conseil d'arrondissement de Montreuil et au conseil munici-
« pal d'Hesdin ; qu'on a même trouvé le moyen d'y amener son nom dans le
« treizième couplet, par une fiction triviale et en se servant d'un mot qui, dans
« le patois du pays, voulait dire une gerbe de blé, vulgairement appelée *garbée ;*

« Attendu qu'en outre, dans le septième couplet, on impute au plaignant des
« faits qui ont le caractère prononcé de la diffamation, en insinuant qu'il se serait
« conduit avec lâcheté dans les émeutes, et en disant positivement que pendant
« qu'on se battait dans la rue on l'aurait trouvé blotti dans une cave bien close,
« dans un état de démoralisation qu'on dépeint en termes orduriers ;

« Attendu qu'on trouve encore le même caractère de diffamation dans le cin-

« quième couplet, où on représente le plaignant comme portant dans l'altération
« de sa santé les fruits de son libertinage avec la femme libre ;

« Attendu cependant, que les intentions méchantes et diffamatoires qui ont
« animé l'auteur de cet écrit se présentent avec beaucoup moins de gravité pour
« celui qui n'en a été que l'imprimeur, parce que l'ouvrage étant souvent écrit
« en termes de patois, et reproduisant des faits qui sont assez obscurs pour ceux
« qui ne sont pas au courant de ce qui s'est passé dans la ville d'Hesdin, l'impri
« meur a pu ne pas comprendre toute la portée des imputations diffamatoires qui
« sont contenues dans ledit écrit ; que rien n'indique que ce soit l'imprimeur qui
« ait gratté son nom avant de répandre l'ouvrage, et que ces circonstances peu-
« vent déterminer à ne lui appliquer que le *minimum* de la peine portée en
« l'art. 13 ;

« Mais attendu qu'il ne doit pas en être de même pour les dommages-intérêts
« réclamés par la partie civile, parce que l'intention plus ou moins méchante de
« l'imprimeur n'a pas empêché l'effet diffamatoire que la publication a pu pro-
« duire dans la ville où il a été distribué ;

« Attendu d'ailleurs que l'imprimeur doit s'imputer de ne pas faire connaître
« le nom de l'auteur, et que d'ailleurs il ne présente aucun moyen de défense,
« puisqu'il fait défaut ;

« Attendu cependant que, malgré le défaut que fait le prévenu, il n'y a pas lieu
« d'adjuger les dommages-intérêts demandés sans examen ;

« Attendu que ce n'est pas la somme des dommages-intérêts accordés qui ré-
« parera le mal que la diffamation a pu faire à la partie civile ; mais que ce mal est
« déjà en partie réparé par la réputation bien établie du plaignant et par le peu
« d'impression que l'ouvrage est susceptible de laisser ;

« Attendu qu'il convient cependant que les dommages-intérêts ne soient pas
« trop réduits ,

« Le tribunal, après en avoir délibéré, conformément à la loi, jugeant en ma-
« tière correctionnelle, donne défaut contre le sieur Céret-Carpentier, et,
« pour le profit, déclare diffamatoire l'écrit ci-dessus mentionné, et qui a été
« clandestinement distribué en profusion dans la ville d'Hesdin ; ordonne que
« ledit écrit sera supprimé et saisi partout où il pourra être trouvé ; condamne le
« sieur Céret-Carpentier, convaincu de l'avoir imprimé sans en avoir fait con-
« naître l'auteur, à vingt-cinq francs d'amende, mille francs de dommages-inté-
« rêts envers le sieur Garbé, et aux dépens tant envers l'Etat qu'envers la partie
« civile (ces derniers liquidés à cent quarante et un francs quatre-vingt-seize
« centimes); ordonne que le jugement sera affiché, aux frais du condamné, au

« nombre de six cents exemplaires, et qu'il sera de plus inséré dans deux journaux
« du département, au choix de la partie civile ; dit que Céret-Carpentier pourra
« être contraint au paiement des condamnations ci-dessus par toutes les voies de
« droit et même par corps ; fixe à un an le délai de la contrainte par corps. »

C'est de ce jugement que M. Céret-Carpentier a interjeté appel.

Postérieurement au prononcé du jugement de Montreuil, M. Garbé
a obtenu de la préfecture du Nord un certificat ainsi conçu :

« Nous préfet du Nord, chevalier de l'ordre royal de la Légion-d'Honneur,
« certifions que le sieur Céret-Carpentier, imprimeur à Douai, a déposé le
« 11 août 1840, au secrétariat général de la préfecture, un ouvrage d'une demi-
« feuille ayant pour titre, *Complainte lamentable*, LEQUEL OUVRAGE IL A DÉ-
« CLARÉ TIRER A CENT EXEMPLAIRES POUR LE COMPTE DU SIEUR DESCLAIBES,
« AVOCAT. — A Lille, le 9 octobre 1840. — Pour le préfet absent, le secrétaire
« général délégué, DE CONTENCIN. »

Il n'y avait plus de doute. Mais, comment faire pour arriver à la
constatation judiciaire de la vérité? On pensa que le moyen le plus
convenable était d'assigner M. Desclaibes, comme prévenu devant le
tribunal de Montreuil ; quelle que fût la décision, un appel était facile
à prévoir. Alors, par jonction des deux causes devant la juridiction
supérieure, et par un examen simultané, on arriverait à la découverte
de la vérité et à une condamnation parfaitement équitable.

Mais la première affaire fut appelée à Saint-Omer avant que les
juges du premier degré eussent statué sur la seconde. Là, comme à
Montreuil, Mᵉ Laloux soutint qu'il devait être admis à représenter
M. Céret-Carpentier. Celui-ci tient avant tout à ne pas comparaître,
et cela se comprend parfaitement. Le tribunal a ordonné la compa-
rution, et la cause a été remise au 17 février, afin que l'action dirigée
contre lui et celle de M. Desclaibes pussent être soumises à un
débat commun.

Le 14 janvier 1841, M. Desclaibes s'est présenté à Montreuil sur
la citation à lui donnée. Il s'est renfermé dans une dénégation absolue,
accusant l'imprimeur d'avoir faussement fait le dépôt sous son nom,
et déclarant néanmoins qu'il ne se plaignait nullement du rôle odieux

que dans son système celui-ci lui avait fait jouer. Le tribunal, contrairement aux conclusions de M. Sansot, organe du ministère public, qui avait requis la condamnation du prévenu, a statué ainsi qu'il suit :

« Attendu que c'est un des premiers principes de la législation pénale qu'on ne « doit pas disjoindre les poursuites concernant un même délit, lorsque ces pour-« suites ont pu s'exercer simultanément contre les divers prévenus de ce délit;

« Attendu, d'un autre côté, que le premier but du législateur pour arrêter la « diffamation qui peut être si facilement répandue par la voie de la presse, a été « de rendre l'imprimeur essentiellement responsable des écrits diffamatoires qui « étaient publiés et répandus sans nom d'auteur, lorsque cet imprimeur ne le « faisait pas connaître d'une manière certaine ;

« Attendu que ce principe des lois sur la presse résulte des discussions des « Chambres, de l'opinion formelle de M. Chassan et des termes positifs de l'ar-« ticle 24 de la loi du 17 mai 1819, article qui veut, pour que l'imprimeur ne « puisse être poursuivi pour le simple fait d'impression, d'abord que l'auteur soit « mis en jugement, et encore que l'imprimeur ait rempli les obligations prescrites « par le titre II de la loi du 21 octobre 1814 ;

« Attendu que le sieur Céret-Carpentier, reconnu imprimeur de l'écrit « anonyme et diffamatoire qui a été publié et répandu en profusion dans la « ville d'Hesdin au moment de la fête patronale, sous le titre de *Complainte la-« mentable*, n'a pas désigné devant ce tribunal le sieur Desclaibes comme l'au-« teur dudit écrit; qu'il ne paraît même pas qu'il l'ait indiqué non plus devant « le tribunal de Saint-Omer, où il a porté la cause en appel ;

« Attendu qu'on ne peut regarder comme désignant l'auteur d'une manière « certaine et suffisante, la déclaration qui aurait été faite par l'imprimeur au « mois d'août dernier à la préfecture du département du Nord et portant que « l'ouvrage est pour le compte du sieur Desclaibes, avocat; qu'on ne peut ôter au « sieur Desclaibes le droit de contester cette désignation, ainsi qu'il l'a fait au-« jourd'hui, tant que l'imprimeur ne produira pas de preuve à l'appui, parce « qu'il serait contraire à tout principe de justice qu'un citoyen pût se voir réputé « auteur d'un écrit diffamatoire, parce qu'un imprimeur aurait fait à son insu « une fausse déclaration contre lui, ou parce qu'un tiers aurait abusé de son « nom auprès de l'imprimeur ;

« Attendu, d'un autre côté, que la partie civile qui produit aujourd'hui la dé-« claration faite par l'imprimeur Céret-Carpentier aurait pu, lorsqu'il a primiti-

« vement intenté ses poursuites en diffamation, poursuivre à la fois l'imprimeur
« et celui que cet imprimeur avait indiqué à la préfecture du Nord, et que les
« débats contradictoires entre les deux inculpés auraient été susceptibles de faire
« ressortir la vérité;

« Attendu, au contraire, que le sieur Garbé n'a fait, lorsqu'il a commencé ses
« poursuites contre Céret-Carpentier, assigner le sieur Desclaibes que comme
« témoin ;

« Attendu, d'ailleurs, que le sieur Garbé a obtenu en première instance, dans
« le jugement du 4 octobre dernier, les dommages-intérêts que le tribunal a cru
« devoir allouer pour réparation du délit qui.lui portait préjudice ;

« Attendu, quoique le sieur Céret-Carpentier ait interjeté appel de ce juge-
« ment, que les dommages-intérêts obtenus pour la partie civile ne lui sont
« nullement enlevés, mais que seulement les effets en sont suspendus jusqu'après
« la décision des juges d'appel ;

« Attendu que, dans cet état de choses, le tribunal de Montreuil ne peut plus
« statuer sur des dommages et intérêts sur lesquels il a déjà prononcé dans un
« jugement antérieur qui est en appel ;

« Attendu que, s'il attendait l'événement du jugement d'appel pour statuer sur
« la demande actuelle, cette décision aurait l'inconvénient grave de perpétuer
« la disjonction qui est un des vices de cette demande, et qu'il y a lieu de dé-
« clarer la demande purement et simplement non-recevable dans la circonstance
« où elle est ;

« En ce qui concerne la demande en dommages et intérêts formée par le sieur
« Desclaibes contre la partie civile :

« Attendu que rien n'annonce que l'action intentée par ladite partie civile soit
« l'effet de la haine et de la tracasserie ; qu'on voit positivement que le sieur
« Garbé ne cherche qu'une chose bien permise à un homme qui se croit diffamé
« et injurié, c'est de connaître le véritable auteur de ces diffamations, et que si
« on doit reconnaître que la seule déclaration faite à la préfecture du Nord ne peut
« faire preuve certaine contre le sieur Desclaibes, on peut dire en même temps
« qu'elle suffit pour établir la bonne foi de la partie civile et qu'elle est jugée
« non-recevable à cause de l'irrégularité de l'action qu'elle intente aujourd'hui
« dans une matière encore neuve et difficile, toute la peine qui peut être at-
« tachée à l'irrégularité de la demande et la condamnation aux frais pour tous
« dommages et intérêts ;

« Le tribunal déclare la partie civile non-recevable en sa demande telle qu'elle
« est formée et la condamne pour tous dommages et intérêts aux dépens envers
« le sieur Desclaibes, liquidés à 64 francs. »

Le jugement a été aussitôt frappé d'appel par M. Charles Garbé, et le tribunal de Saint-Omer a maintenant à juger la cause dans son ensemble. Il s'agit pour lui de décider : 1° si l'écrit est diffamatoire ; 2° quel est l'auteur ou quels sont les auteurs de la publication ; 3° quelle réparation est due au plaignant.

Quelques mots sont d'abord nécessaires pour démontrer que le jugement du 14 janvier ne saurait être maintenu.

Il faut le résumer en ces termes :

M. Garbé est inadmisible à poursuivre M. Desclaibes tant que le jugement rendu contre M. Céret-Carpentier n'aura point été infirmé. Les principes sur la disjonction en matière criminelle le veulent ainsi. En outre, M. Garbé a épuisé son droit en réclamant et en obtenant la réparation civile à laquelle pouvait donner lieu le délit dont il a eu à se plaindre.

Il nous paraît évident que les premiers juges sont tombés dans une triple erreur. Quand ils ont statué, le jugement obtenu contre M. Céret-Carpentier n'existait plus, l'appel ayant pour effet de remettre les parties au même et semblable état qu'avant la décision attaquée. Les principes de la disjonction sont applicables au cas où plusieurs accusés, justiciables de juridictions différentes, sont inculpés à raison d'un même fait ; ils exigent alors que tous soient indistinctement renvoyés devant les juges de droit commun. Mais il n'y a nullement atteinte à cette règle lorsque plusieurs accusés sont, à des époques différentes, poursuivis à raison du même fait. Rien ne s'oppose à ce qu'ils soient successivement condamnés. La pratique constante des tribunaux criminels démontrerait au besoin cette vérité. Enfin, à supposer que le jugement frappé d'appel dût être considéré comme étant en pleine vigueur ; à supposer que M. Garbé eut épuisé son droit en obtenant une réparation pécuniaire ; il ne l'aurait toujours pas épuisé, quant à la réparation morale qui résulte de la condamnation du coupable aux peines portées par la loi. Les premiers juges pouvaient d'ailleurs se refuser d'autant moins à la prononcer, que M. le procureur du roi de Montreuil requérait l'application de la peine au nom de la vindicte publique. Et les juges d'appel peuvent, aujourd'hui, faire ce qu'auraient dû faire les juges du premier degré.

Mais l'écrit est-il diffamatoire? La lecture du pamphlet et son rapprochement des termes de la loi ne permettent aucun doute à cet égard.

Que porte l'article 13 de la loi du 19 mai 1819?

« Toute allégation ou imputation d'un fait qui porte atteinte à l'honneur ou à
« la considération de la personne ou du corps auquel le fait est imputé, est une
« diffamation.

« Toute expression outrageante, terme de mépris ou invective, qui ne ren-
« ferme l'imputation d'aucun fait, est une injure. »

Eh bien! outre la diffamation, l'injure au moins, qui résulte de l'ensemble de l'écrit, trois faits principaux y sont articulés, qui, s'ils étaient vrais, seraient de nature à porter la plus grave atteinte à la considération du prévenu. Le cinquième couplet le représente comme un homme dont la débauche a altéré la santé, insinuation dont M. Garbé croit ne pas ignorer le but et la porte secrète. Le septième comme un lâche, et le huitième comme un intrigant politique, toujours prêt à abandonner le parti des vaincus pour celui des vainqueurs.

Voilà les imputations qu'on n'a pas craint de se permettre. Voilà comment certaines personnes entendent l'usage de la presse.

Il serait superflu d'insister sur ce point. N'était-ce pas d'ailleurs parce qu'ils comprenaient toute la portée de leur action et des conséquences qu'elle pouvait avoir que, pour la consommer avec impunité, les auteurs de la complainte commettaient deux nouveaux délits, la suppression du nom de l'imprimeur et la distribution clandestine?

M. Desclaibes est-il l'auteur de la chanson incriminée ?

Le dépôt fait en son nom par un imprimeur avec lequel il est en relation journalière; cette déclaration longtemps incontestée et contre laquelle un homme étranger à la publication aurait protesté avec énergie; le soin qu'il prend de fuir l'audience lorsqu'il est assigné comme témoin devant le tribunal de Montreuil, et une foule d'autres circonstances qu'il suffira de relever dans les plaidoiries, démontrent qu'en effet M. Desclaibes est l'auteur.

Enfin, les explications déjà données devant le tribunal de Saint-Omer, par Me Laloux, dans des vues toutes bienveillantes pour M. Desclaibes, et desquelles il résulterait, à ce qu'on assure, que le nom de ce dernier aurait été pris, à tort ou raison, parce qu'il accompagnait à l'imprimerie des jeunes gens qui y portaient la chanson, se concilieraient-elles bien avec les dénégations de M. Desclaibes, qui prétend n'en avoir eu connaissance que par la citation? C'est ce que le tribunal appréciera.

Quant à M. Céret-Carpentier, il doit être considéré comme complice. L'imprimeur ne peut arguer de la bonne foi qu'en nommant spontanément celui qui lui a remis le manuscrit; s'il le cache, s'il fait tous ses efforts pour lui assurer l'impunité, on est fondé à le supposer complice, à moins qu'il ne se décide enfin à dire la vérité devant les juges et à dissiper, par des explications franches et loyales, et surtout par la production de ses livres [1], les soupçons qu'il laisse peser sur lui.

Faut-il répondre à cet argument qui consiste à dire qu'alors même que M. Desclaibes eût consenti à ce que le dépôt fût fait en son

---

(1) On sait que l'imprimeur est tenu d'avoir :

« 1° Un livre-journal qui présente jour par jour ses dettes actives et passives, « LES OPÉRATIONS DE SON COMMERCE, ses négociations ou endossements d'effets, « et généralement TOUT CE QU'IL REÇOIT ET PAIE....... Indépendamment des « autres livres usités dans le commerce, mais qui ne sont pas indispensables. » (Code de Commerce. art. 8.)

« 2° Un livre coté et paraphé par le maire de la ville où il réside, où il inscrit « par ordre de dates, avec une série de numéros, le titre littéral de tous les ou- « vrages qu'il se propose d'imprimer, le nombre des feuilles, des volumes et des « exemplaires et le format de l'édition. » (Ordonnance du 24 octobre 1814, art. 2.)

Au moyen de ces livres et par suite des communications qu'exige l'impression d'un écrit, pour la remise du manuscrit, la correction des épreuves, la remise des exemplaires, le paiement du prix, on peut affirmer que l'erreur est impossible.

nom, il ne devait pas être condamné, puisqu'il ne sera pas prouvé d'abord qu'il eût eu personnellement l'intention de nuire à M. Garbé, qu'il ne connaît point, et, en second lieu, qu'il eût participé à la publication faite à Hesdin le 7 septembre.

Nous faisons pour un instant de larges concessions. Nous admettons que M. Desclaibes ne soit point l'auteur de la complainte, qu'il ait seulement prêté son nom pour le dépôt, et qu'il ait été l'instrument plus ou moins clairvoyant de passions qui ne sont pas les siennes ; que, sur la foi d'un ami, il se soit fait éditeur d'imputations qu'il a cru vraies. Voici ce que, pour ce cas, dit M. Chassan :

« Lorsque l'auteur de l'ouvrage est inconnu, ou décédé, ou lorsque le vendeur « du manuscrit, qu'il en soit l'auteur ou non, n'a pas entendu faire une publica- « tion et a voulu rester étranger à ce fait, l'éditeur seul est responsable. » (Tome I, page 125.)

« La loi romaine considère le mandant et le mandataire comme tenus tous « deux *ex injuriarum actione*... Aussi M. Rossi n'hésite-t-il pas à reconnaître « que l'exécution du mandat pour commettre un délit donne action, tant contre « le mandant que contre le mandataire. » (Tome I, page 140.)

« C'est commettre un délit que d'annoncer un fait qui est attentatoire à l'hon- « neur ou à la considération d'un simple particulier ou d'un fonctionnaire public, « alors même qu'on aurait les plus fortes raisons de croire à la vérité de ce fait, « si en réalité il est mensonger. Car en livrant cette imputation à la publicité, le « prévenu se l'est appropriée et en a assumé sur sa tête toute la responsabilité[1]. »

D'ailleurs M. Desclaibes ne nomme pas son auteur, et, le nom- mât-il, nous lui répondrions :

(1) « Ce cas s'est réalisé dans la poursuite en diffamation intentée au nom de M. de « Broglie, président du conseil des ministres, contre M. Sarrans et M. Latapi, qui avait « délivré au premier une attestation sur le fait reproché au ministre par M. Sarrans. « Cette imputation fut reconnue être de l'invention de M. Latapi, et quoique M. Sar- « rans invoquât sa bonne foi, il n'en fut pas moins condamné par le jury, comme le « publicateur du fait, ainsi que son co-prévenu. (Cour d'assises de la Seine, 26 oc- « tobre 1835. G. T. 26-27.) — C'est sur le même motif que repose l'arrêt de la Cour de « Paris, du 27 avril 1835 (G. T. 28), qui condamne pour diffamation les gérants de plu- « sieurs journaux, pour avoir inconsidérément et sans aucune vérification préalable, « annoncé la faillite de la Compagnie du Soleil, quoique, sur la réclamation du directeur « de la Compagnie, ils se fussent empressés de se rétracter. » (Note de M. Chassan).

« Ce n'est pas une excuse légitime que de nommer celui dont on tient l'impu-
« tation, car on ne fait par là que produire son complice. *Cum ita*, dit Voet,
« *nihil aliud agat quam quod socium participemque injuriæ prodat.* » (Tome 1,
page 28.)

Enfin, quant à la singulière prétention de n'être point considéré
comme publicateur, parce qu'on n'aurait point été vu faisant la distribution, bornons-nous à rappeler :

« Que s'il s'agissait d'un ouvrage *imprimé*, la remise d'un seul exemplaire
« serait constitutive de l'infraction. Car l'impression annonce déjà l'intention
« de la publication ; et si à cette intention vient se joindre le fait de la remise
« même d'un seul exemplaire, on peut dire que la publication est consommée et
« qu'il y a dès lors distribution dans le sens de la loi. » (Tome I, page 41.)

Si, contre toute attente, il était fait preuve au tribunal que le
dépôt ait été fait sous un faux nom, cette circonstance, qui dé-
montre que M. Céret-Carpentier connaissait toute la culpabilité de
l'écrit, le silence qu'il garde obstinément sur le nom du véritable
auteur, devraient le faire considérer comme auteur principal de la
diffamation.

La jurisprudence et les auteurs sont unanimes à cet égard.

M. Chassan le constate ainsi :

« L'imprimeur aujourd'hui n'est responsable comme auteur principal, qu'au -
« tant que le rédacteur de l'écrit est inconnu, et encore, s'il n'y a pas d'éditeur.
« Dans ce cas, c'est lui-même qui est le véritable éditeur, c'est-à-dire le publi-
« cateur. » (Tome I, page 127.)

Enfin M. Céret invoquera-t-il pour excuse son absence de l'imprimerie, qu'il ne gère pas lui-même, à ce qu'il paraît? Ce ne peut
être assurément ni une justification ni même une atténuation.
M. Céret-Carpentier, investi d'un brevet personnel qui lui crée une
responsabilité en même temps qu'il lui laisse des avantages, ne peut
répudier l'une et profiter des autres. Il répond de ses préposés. Aucune contestation n'est possible sur ce point, sur lequel nous cite-
rons de nouveau M. Chassan.

« Le brevet ne peut être vendu, cédé, loué en tout ou en partie. Il n'est donc

« pas loisible à un imprimeur d'exploiter une imprimerie dans une autre ville
« que celle de sa résidence, soit par lui-même, soit par un tiers qui se dirait son
« commis.

« Mais il peut prendre des associés, *sans pouvoir cependant déléguer la ges-
« tion de son entreprise*, et sans pouvoir la mettre sous le nom de son associé,
« NI S'AFFRANCHIR DE LA RESPONSABILITÉ QUE LA LOI ATTACHE A LA QUALITÉ
« D'IMPRIMEUR. » (Tome I, page 429.)

Pour qu'il ne fût pas possible de se méprendre sur la personne
que le diffamateur avait en vue, son nom fut, à l'aide d'un jeu de
mots, inséré en toutes lettres dans le treizième couplet de la chanson. Mais en outre, toutes les circonstances de la vie de M. Charles
Garbé, celles qui se rapportent à sa famille, ses travaux mêmes, y
sont analysés avec tant de soin qu'à Hesdin il n'est venu à l'esprit de
qui que ce fût d'appliquer la complainte à tout autre que lui. Jamais
on n'a mieux pratiqué l'art perfide d'insinuer la calomnie à l'aide de
la vérité.

L'auteur anonyme affecte de rappeler avec une forme insultante à
M. Charles Garbé son origine. A cette impertinence aristocratique
de mauvais goût, M. Garbé n'opposera que le mépris. Fils du com-
mandant Garbé, qui a opéré en 1814 la belle défense du fort de
Pierre-Châtel ; neveu et héritier adoptif du lieutenant général du
génie vicomte Garbé, député du Pas-de-Calais en 1830 et 1831, il
sait que l'un et l'autre se sont toujours honorés d'être les enfants
d'un honnête artisan. Lorsque la paix leur a permis de jouir d'une
glorieuse position conquise au prix de leur sang sur le champ de
bataille, on a vu de quels soins et de quelle affection ils ont entouré
la vieillesse de leurs père et mère. En oubliant davantage cette
origine, M. Garbé eût été plus sûr peut-être d'être épargné par ceux-
là même qui la lui reprochent ; mais en dépit de leurs attaques,
elle sera toujours pour lui à la fois et un motif d'émulation, et une
raison de ne jamais oublier les intérêts et les droits de cette classe
du peuple dont les intérêts lui sont toujours chers, et à laquelle il
tiendra toujours à honneur d'appartenir.

Si une famille devait être respectée par les traits de la malveillance, c'était bien celle-là; si un homme devait leur échapper, c'était bien M. Charles Garbé. D'opinions conciliantes et modérées, de mœurs douces et affables, sans antécédents politiques, sans animosités privées, il s'est, à l'âge où d'ordinaire on ne s'occupe guère que de plaisirs, livré à des études et des travaux plus sérieux. De l'héritage du général Garbé il n'a rien répudié, pas même l'obligation de servir de tous ses efforts les intérêts de pays commun. Il crut remplir ce devoir en reprenant et en développant un projet qui avait occupé les pensées de son oncle, celui de la canalisation de la Canche, que l'auteur de la complainte n'a pas non plus épargné dans ses sarcasmes. Enfin dans des débats qui mettaient en question une industrie intéressante pour les départements du Nord, il consacra sa plume à la défendre.

Cette ligne de conduite ne resta pas sans encouragements; elle attira sur lui l'attention aux élections départementales de 1839, et lui valut le vote de beaucoup de ses compatriotes. À peine M. Charles Garbé avait-il atteint l'âge de l'éligibilité; cependant un nombre assez fort de voix qui se porta spontanément sur lui pour le Conseil général, le détermina à se mettre sur les rangs pour le Conseil d'arrondissement; dans un premier tour de scrutin, il atteignit presque la majorité absolue; il se désista aussitôt pour mieux assurer l'élection de l'un des conseillers sortants qui, par sa possession et ses services, lui semblait mériter cette déférence[1].

(1) Voici quel avait été le résultat de ce scrutin :
Nombre des votants : 127. — Majorité absolue : 64.

MM. Dovergne père.	70.
Charles Garbé.	59.
Ducroquet aîné.	59.
Froissart.	53.

M. Dovergne père fut proclamé conseiller d'arrondissement. Il restait à procéder à l'élection d'un second conseiller. M. Charles Garbé pria ses amis de reporter leurs voix sur M. Ducroquet, qui fut élu à la majorité de 60 voix contre 57, données à M. Froissart.

A ces suffrages, il est permis de joindre ceux qui, dans la garde nationale de Paris, ont, dans des élections répétées, constamment placé M. Charles Garbé à la tête de la compagnie à laquelle il appartient. Ces choix faits dans des lieux éloignés et pour des positions diverses d'un homme qui, par son âge, semblait à peine pouvoir y aspirer, sont un des titres que M. Charles Garbé peut présenter, et auxquels il lui est permis d'attacher quelque prix.

Ils sont pourtant le motif, disons mieux, le prétexte de l'écrit distribué longtemps après, et sur lequel la justice doit prononcer. La calomnie s'y est donné libre carrière; sous la forme prétentieusement légère qu'on a affectée, on a espéré la glisser plus facilement dans cette classe de lecteurs où ne pénètrent pas les productions sérieuses. Selon un auteur célèbre, et cette maxime paraît avoir été celle des adversaires de M. Garbé, *Ce qui n'est pas bon à dire, on le chante.*

Maintenant, il faut qu'ils s'expliquent sans détours; qu'ils essaient de justifier leurs paroles, ou qu'ils en confessent la fausseté. Si l'écrit n'est pas un odieux mensonge, M. Charles Garbé doit descendre du rang modeste où sa vie, ses travaux, l'estime de ses concitoyens ont déjà semblé le placer. Voilà le but qu'on s'est proposé. Briser de légitimes espérances, flétrir une vie pleine d'avenir, abreuver d'amertume un homme inoffensif, jeter le trouble dans une famille honorable, tels sont les calculs que la haine seule a pu dicter.

Heureusement l'on s'est adressé à un homme de cœur qui n'a rien à craindre d'une publicité de ce genre. En s'attaquant nonseulement à sa vie politique, mais à sa vie privée; en essayant de flétrir des mœurs pures par d'infâmes calomnies, on a cru le faire reculer devant le scandale d'une plainte et d'un procès. Mais un exemple était nécessaire pour prévenir le retour de pareilles publications, et au prix de son repos, M. Charles Garbé a courageusement payé de sa personne en le provoquant; la justice n'hésitera pas à le donner.

M. Charles Garbé conclut à ce qu'il plaise au tribunal :

« Attendu que le tribunal de Montreuil a fait une fausse application des principes de la connexité;

« Que le sieur Charles Garbé, en poursuivant le sieur Céret-Carpentier, n'a pu être présumé renoncer à poursuivre tous les autres auteurs du même délit qui viendraient à lui être connus;

« Qu'en fait, la pièce constitutive de la culpabilité de M. Desclaibes ne lui a été remise que postérieurement au jugement du 2 octobre, ainsi que la date en fait foi;

« Attendu qu'en droit, le jugement prononcé contre un des prévenus présumés n'a point pour effet d'empêcher toute poursuite ultérieure contre les complices ou co-auteurs de ce délit;

« Que d'ailleurs, à l'époque où des poursuites ont été dirigées contre le sieur Desclaibes, le jugement rendu le 2 octobre par le tribunal de Montreuil n'avait point acquis l'autorité de la chose jugée; que conséquemment, en aucun cas, il ne pouvait être opposé au plaignant;

« Recevoir le sieur Charles Garbé, appelant du jugement rendu par le tribunal de Montreuil le 18 janvier dernier; infirmer ledit jugement, et au fond joignant les deux appels interjetés tant par le sieur Charles Garbé que par le sieur Céret-Carpentier, et statuant par jugement nouveau;

« Attendu que le pamphlet intitulé : *Complainte lamentable, air de Fualdès*, commençant par les mots : *Ecoutez, femmes sensibles*, et finissant par ceux-ci : *Son long et touchant martyr*, a été dirigé contre le sieur Charles Garbé ;

« Qu'en effet, il résulte : 1° du 13ᵉ couplet de ladite complainte où le nom du sieur Garbé est intercalé à l'aide d'un jeu de mots, afin d'éviter la possibilité même du doute à cet égard ; 2° des couplets 2, 3, 20, 9, 10, 11, 14, 16 et 27, lesquels rapportent des faits qui, bien qu'altérés, ne peuvent être attribués qu'au sieur Garbé ; que l'auteur de la chanson a évidemment eu en vue la personne de ce dernier ;

« Attendu que l'écrit attaqué contient dans toutes ses parties le délit d'injures à l'égard du sieur Charles Garbé ;

« Attendu, en outre, qu'il contient au plus haut degré le délit de diffamation, à l'égard dudit plaignant, dans les couplets 5, 7 et 8, où lui sont attribués des actes de débauche, de lâcheté et de palinodie politique, de nature, s'ils étaient vrais, à porter l'atteinte la plus grave à son honneur et à sa considération, ce qui constitue le délit prévu par les articles 1ᵉʳ, 13, 14 et 18 de la loi du 17 mai 1819 ;

« Attendu que la culpabilité des auteurs de cet écrit se trouve aggravée encore par les circonstances qui en ont accompagné la distribution et par la connaissance parfaite qu'ils avaient de la fausseté des imputations par eux émises, puisqu'ils ne justifient d'aucune circonstance qui les eût induits en erreur, et ne présentent aucune excuse.

« Attendu qu'il est établi par les circonstances de la cause, et notamment par l'acte de dépôt du 11 août 1840, lequel n'ayant point été argué de faux doit être considéré comme exprimant la vérité, que le sieur Desclaibes est l'auteur du pamphlet ci-dessus qualifié ;

« Attendu que, d'un autre côté, le sieur Céret-Carpentier, en se refusant à nommer l'auteur malgré des sommations réitérées, a confirmé les soupçons de complicité qui s'élevaient contre lui ;

Déclarer le sieur Desclaibes coupable des délits de diffamation et d'injures commis par la voie de la presse envers le sieur Charles Garbé, plaignant ;

« Condamner ledit sieur Desclaibes en cinq mille francs de dommages-intérêts envers ledit plaignant ;

« Maintenir à l'égard dudit sieur Céret-Carpentier les condamnations prononcées contre lui par jugement du tribunal de Montreuil, en date du 2 octobre 1840 ;

« Ordonner l'affiche du jugement à intervenir au nombre de six cents exemplaires, et son insertion dans deux journaux du département ;

« Le tout sauf au ministère public à requérir, ainsi qu'il avisera dans l'intérêt de la vindicte publique ;

« Subsidiairement, et pour le cas où les énonciations du dépôt fait à la préfecture du Nord seraient reconnues fausses ;

« Attendu que cette circonstance serait singulièrement aggravante ; qu'elle établirait indépendamment de toutes autres la mauvaise foi de Céret-Carpentier ; qu'il devrait être alors considéré comme auteur principal aux termes :

« Que le sieur Garbé, en n'interjetant point appel incident,
a fait preuve d'une grande modération ;

« Confirmer *à fortiori* ledit jugement du tribunal de Montreuil-
sur-Mer, et donner acte au sieur Garbé de ses réserves, à l'effet
de poursuivre contre M. Céret-Carpentier le paiement des frais
et dommages de toute nature occasionnés par les fausses énonciations de l'acte de dépôt ;

« Et ordonner que, soit contre les sieurs Desclaibes et Céret-
Carpentier concurremment, soit subsidiairement contre l'un
d'eux, le recouvrement des condamnations prononcées aura lieu
par toutes les voies de droit, même par corps, aux termes des
articles 38, 39 et 33 de la loi du 17 avril 1832. »

EM. DERODÉ,
Avocat à la Cour royale de Paris.

Imprimerie de E. DUVERGER, rue de Verneuil, n° 4.

COMPLAINTE LAMENTABLE.

Air de Fualdès.

1ᵉʳ COUPLET.

Ecoutez, femmes sensibles,
Ecoutez, petits enfants,
D'un grand crime inconvenant
La narration horrible,
L'attentat monstrueux qui
Fut commis dans c'pays-ci.

2ᵐᵉ.

Dans le pétrin prit naissance
Un jeune et joli garçon,
Au bel état de mitron
Destiné dès son enfance,
Il devint un candidat;
Quelle boulette son père fit là !!!!

3ᵐᵉ.

Blanchissant son origine,
Pour le bien du genre humain,
Il apprit grec et latin,
Et, *secouant sa farine*,
De vocation changea;
Chantons tous : « Alleluia ! »

4ᵐᵉ.

A sa sortie de l'école,
Ne comptant que quatorze ans,
Il voulut incontinent
Fair' voler son nom aux pôles,
Et Saint-Simonien devint
Sous le grand-père Enfantin.

5ᵐᵉ.

Il chercha la libre femme,
VOUS SAVEZ BIEN OU ELLE EST,
Et, sans trahir son secret,
Apprenez, hommes et dames,
QUE TROP LIBRE IL LA TROUVA,
QU'AINSI BIEN IL S'ÉCHAUDA.

6ᵐᵉ.

DÉGOUTÉ PAR CETTE AFFREUSE
AVENTURE QU'IL EUT LA,
Incontinent il changea,
Ayant la main malheureuse;
Et le même jour devint
Un royal républicain.

7ᵐᵉ.

Mais voyez un peu la chose;
Dans la rue on se battit,
ET ON LE TROUVA BLOTTI
DANS UNE CAVE BIEN CLOSE,
Adressant au lieu d'encens,
Au Seigneur son dévoiement.

8ᵐᵉ.

La république mourante
S'en allait tout en lambeaux,
Quand tout à coup notr' héros,
Cria d'une voix tonnante :
« *Pas si bête, croyez-moi,*
« *Mes amis, vive le roi !* »

9ᵐᵉ.

Il était alors en l'âge
Où la loi vous prend au corps,
Fait de vous un matamor,
Ou sinon, vous met en cage,
A cet âge très fatal,
Qui vous fait gard'national.

10ᵐᵉ.

D'une tournure piquante,
D'une taille en baliveau,
Il avait un nez d'oiseau,
Une face ébouriffante,
Et son grand front sans pareil
Semblait poignarder le ciel.

11ᵐᵉ.

Aussi l'armée épicière,
L'apercevant dans ses rangs,
Se mit à crier : Quand, quand,
Pourrai-je donc toute fière,
Offrir à ce Goliath
Le grade de caporal ! ! !

12ᵐᵉ.

Si peu ne pouvait suffire
A cet aigle impatient ;
Aussi s'en fut-il chantant,
Armé d'une tirelire,
Chercher au milieu DES DAIMS,
Vite à faire son chemin.

13ᵐᵉ.

Il aurait dû réussir,
Car il apportait séant,
A ces légers habitants
Qui savent le mieux courir,
Pour flatter leur appétit,
Une GARBÉ *de Paris.*

14ᵐᵉ.

Mais voyez l'ingratitude,
DES DAIMS de ce pays-là :
On le porta candidat,
Puis, oh! honte, oh! turpitude !...
Au grand conseil général,
On envoya son rival.

15ᵐᵉ.

Il pleura; mais sans tendresse
Est celui ne pleurant pas,
Puis en poussant un hélas!
Cette matière traîtresse,
Qu'on appelle électorale,
Il remanie et cabale.

16ᵐᵉ.

C'était, veuillez bien en rire,
(Car c'est pure vérité),
Descendre d'un bon degré,
Et mettre la chose au pire,
Que de tomber seulement
Candidat d'arrondiss'ment.

17ᵐᵉ.

Mais voyez la chose horrible,
Frémissez, jeunes enfants,
Et tremblez, vieux mécréants,
Qui fermèrent, insensibles,
A ce jeune homme charmant,
Le conseil d'arrondiss'ment.

18ᵐᵉ.

Las! oh! qui pourrait décrire
Les pleurs, les gémissements,
De ses dents les grincements,
Et l'harmonieux délire
De ce pauvre candidat,
Dégommé déjà deux fois.

19ᵐᵉ.

Heureusement pour la terre,
Survint une occasion
Qui sauva de consomption
Le héros dont la misère
Fut forcée de s'abaisser
Jusqu'au troisième degré.

20ᵐᵉ.

Or donc, relevant la tête,
Du Cange il sonda les flots,
Et lâchant fort à propos
Un p'tit mot qu'était pas bête,
Il chercha PAR UN CANAL
Le conseil municipal.

21ᵐᵉ.

Averti par expérience
Qu'il ne fallait pas dormir,
Et qu'il fallait fort courir,
Il enjamba Rossinante,
Et l'un portant l'autre alla
Chevauchant par-ci par-là.

22ᵐᵉ.

De l'épicier mammifère,
Tel que Buffon l'a décrit,
Il ne fit pas même fi ;
Pour se rendre populaire,
Sa main calleuse il serra
Et sa mélasse il goûta.

23ᵐᵉ.

Jusqu'au sol courbant l'échine,
A l'huissier, au procureur,
Au médecin, au changeur,
A l'avocat de cuisine,
Et voir même au tabellion.
Promit l'absolution.

24ᵐᵉ.

Il promit à la dévote
Du scandale et des ca ncan s,
A la vieille des amans,
Aux jeunes filles des dots,
Et promit au vidangeur
Un brevet de parfumeur.

25ᵐᵉ.

Mais, oh! voile ta lumière,
Grande chandelle du ciel,
De ces infâmes mortels
Retire ton luminaire ;
Et toi pays maudit sois,
Toi qui fus sourd à sa voix.

26ᵐᵉ.

L'affreux sort de Térouanne
Il eut, sans compter qu'il fut
Et démoli et battu
Comm' ce petit bourg à ânes,
Pour avoir aussi cherché
A faire le mouton. Mais

27ᵐᵉ.

Ce jour-là un grand tonnerre
Fut entendu dans les cieux,
Et le bruit harmonieux

De onze voix sur la terre,
Qui criaient : « Il le sera. »
Cent autres : « Il ne l'sera pas. »

28ᵐᵉ.

Les flots du Cange gonflèrent
Des pleurs que le candidat,
Ainsi dégommé, versa,
En disant en sa colère :
« DES DINdons vous êtes tous,
J'en ai un fameux dégoût.

29ᵐᵉ.

Or sachez, hommes et femmes,
Vous dont le sensible cœur
Sait prendre part au malheur,
Que trop en versant des larmes,
Il serait venu langreux,
Sans un contre-temps heureux.

30ᵐᵉ.

Un vieil agent de police,
Ivrogne de profession,
Est de destitution
Menacé en son office,
Et déjà des candidats,
Briguent ce bel emploi-là.

31ᵐᵉ.

Cette fois on nous l'assure,
Notr' héros sera nommé,
Sage s'il eût commencé
Par où l'élection dure
Va le forcer à finir
Son long et touchant martyr.

Imprimerie de F. DUVERGER, rue de Verneuil, nᵒ 4.

9 782013 475778